AF196215

Virginia Valmain

Fabien a disparu

Avec la participation de
Laura Steiner, Maflo Jankqi,
Egeli Michalos et Mitchell Volpe

– Amandine, tu as déjà raconté à ma collègue ce qui s'est passé, mais j'ai besoin que tu me le répètes. Que tu me dises tout depuis le début. Même si ça ne te semble pas important, il faut que tu me racontes tout ce qui te revient en mémoire. C'est très important, tu me comprends ?

La jeune fille ne répond pas tout de suite. Elle regarde le minuscule bureau autour d'elle. Les murs d'un blanc terne, un calendrier surchargé de ratures, des numéros de téléphone et des dessins d'enfants. L'endroit est propre, mais froid. Une odeur de café lui donne la nausée. Derrière la porte ouverte, un talkie-walkie crache des morceaux de phrases qu'elle ne comprend pas.

Elle ne sait plus quoi penser. Quand les gendarmes sont venus la chercher au chalet, elle a eu très peur. Elle pensait que ce serait comme dans les films, qu'on lui dirait qu'elle avait droit à un 5 avocat, qu'on lui passerait les menottes ou que savait-elle encore ?

Ni menottes ni avocat. Les gendarmes lui ont juste expliqué qu'ils avaient besoin de son témoignage. En l'absence 10 de ses parents, c'est Madame Gecep, la prof de français, qui l'a accompagnée.

Le gendarme a demandé à Amandine si elle voulait que Madame Gecep reste pendant l'audition. Non, elle a secoué la 15 tête. Elle préférait être seule.

Et voilà qu'elle se trouve face à ce grand gendarme moustachu qui lui parle gentiment. Il ressemble un peu à son père, avec ces petites rides au coin 20 des yeux qui semblent sourire quand il ouvre la bouche.

Dehors, il fait déjà noir. De gros flocons viennent s'écraser à la fenêtre et fondent aussitôt. Quelle heure est-il ? Pas encore 17 heures. Et les autres, que font-ils au chalet ? Est-ce qu'ils ont seulement conscience du drame qui se joue ? Amandine en doute. Ce n'est que maintenant qu'elle commence à réaliser la gravité de leurs actes.

Le gendarme attrape sa souris, fait quelques clics et tourne l'écran de son ordinateur vers Amandine. La jeune fille regarde l'écran et baisse aussitôt les yeux. Elle voudrait disparaître six pieds sous terre.

– Amandine, demande le gendarme d'une voix calme. Tu connais cette page ?

Elle n'ose plus le regarder. Elle ressent des bouffées de chaleur, elle étouffe. Sentiments mêlés de honte, de peur et de culpabilité.

– Amandine ? ...

Elle murmure un « oui » inaudible à travers le col de son pull.

– Tu peux m'expliquer ce qu'est ce groupe Facebook ? Je vois bien ce que c'est, mais j'aimerais avoir ta version. 5

Amandine ne peut plus reculer. Ça ne sert à rien de mentir. Mieux, la perspective de tout avouer semble la libérer. Elle évite toujours le regard du gendarme, quand elle explique enfin. 10

– En début d'année, quand Fabien est arrivé dans la classe, on a tout de suite vu qu'il était... bizarre.

– Ça veut dire quoi d'après toi, « bizarre » ? 15

– Ben pas comme nous, quoi. Déjà, il ne parle pas pareil. Il utilise sans arrêt des mots qu'on ne comprend pas. Genre il récite le dictionnaire. Et puis toujours à côté de la plaque. Toujours il nous 20 parle de choses qui n'ont rien à voir, comme les dinosaures, les planètes, les lignes de bus... Les lignes de bus, quoi ! Et puis les dinosaures, alors qu'on est au collège et qu'il a quoi ? 16 ans ? Nous, on est en train de discuter d'un film, d'un prof ou d'une soirée, et puis lui il arrive et il nous parle du système solaire ou des horaires de la ligne 1A, comme si ça nous branchait ! Et jamais il nous regarde, en plus. Et puis toujours à faire des drôles de gestes, genre bouger ses doigts ou secouer la tête comme un fou. Un vrai cas social !

– Amandine, est-ce que les mots « autisme » ou « Asperger » te disent quelque chose ?

La jeune fille se tait. Elle sait qu'elle mérite ce qui va lui arriver.

– Ouais. Un jour, une psychologue est venue en classe pour nous expliquer que Fabien... enfin, qu'il était autiste. Elle nous a dit que c'était un handicap, un truc au cerveau. Qu'il n'était pas plus bête que nous, qu'il savait plein de choses, mais que son truc, c'était qu'il ne savait pas maîtriser ses émotions, qu'il ne savait pas comment se comporter avec les autres, tout ça... 5

– Et alors ?

– Et alors quoi ?

– Eh bien cette dame est venue vous expliquer que votre camarade souffrait d'un handicap, mais ça ne vous a pas 10 empêchés de créer cette page Facebook, qui s'appelle – je lis ce qui est écrit – « Fabien le déglinguo », et de passer vos journées à vous moquer de ce garçon. Vous savez qu'on peut porter plainte 15 contre vous ? Pour discrimination, ou harcèlement.

– C'était juste pour s'amuser !

– Pour s'amuser, je vois...

Le gendarme reste calme malgré son 20 indignation.

Cette jeune fille, si douce en apparence, si mignonne et gentille, serait la
première à aider un aveugle à traverser la
rue. Mais un trouble du comportement,
5 un handicap invisible, non, ça lui
échappe, comme à beaucoup d'autres.
Ça ne se « voit » pas, ce n'est pas méca-
nique, donc c'est moins grave...

Lassé, il regarde encore une fois les
10 commentaires et les photos sur la page
Facebook : insultes à peine déguisées,
photos de Fabien prises sans qu'il le
sache, moqueries, concours d'imita-
tion... Il passe une main sur son visage
15 fatigué et reprend.

– Bien, nous reviendrons plus tard
sur les anciennes publications. Celle qui
m'intéresse, c'est celle-ci, postée hier. Tu
peux m'expliquer ?

20 Il clique sur une fenêtre et aussitôt
un film amateur se met en route. Des
cris perçants envahissent le bureau,

entrecoupés de rires. Le gendarme ne montre aucune émotion, mais Amandine ne peut pas regarder la vidéo. Dans ce bureau impersonnel, les cris du jeune homme prennent une nouvelle sonorité. 5 Pathétique. Déchirante. Tragique.

– Arrêtez, s'il vous plaît ! demande-t-elle dans un souffle.

– Pourquoi, ça ne te fait plus rire ? C'est pourtant bien toi qu'on entend 10 rigoler, non ? Toi et tes camarades.

– S'il vous plaît !

Le gendarme met fin à la scène grotesque. Sans un mot, il regarde la jeune fille. 15

– C'est... C'était hier, explique-t-elle. Notre première journée de ski. Fabien avait l'autorisation de nous accompagner. Pour lui, c'était ses premières vacances de neige. Dans le bus, ça s'est 20 plutôt bien passé. Il avait ses écouteurs et sa console de jeux, il s'est occupé tranquillement dans son coin, sans parler à personne. Il était super calme. Et le soir, il a dormi normalement... Enfin, je veux dire, comme les autres. Le lendemain, on est passés chercher nos skis et nos forfaits. Et puis on s'est tous dirigés vers le télésiège. Et c'est au moment où il devait monter dedans qu'il a pété un câble. Il s'est mis à hurler et il s'est caché dans les bras de Monsieur Denys, le prof de sport. Il était incapable de se calmer.

– Vous avez cherché à savoir pourquoi ?

– Ben sans doute parce qu'il avait peur de s'asseoir dedans. Qu'il avait le vertige, ou un truc dans le genre, c'était un peu drôle. Surtout quand il a sauté dans les bras du prof. En plus, les garçons qui étaient à côté de lui ont vu qu'il... enfin qu'il a uriné dans sa combinaison. Il nous foutait carrément la honte devant les autres classes.

– Alors vous avez voulu vous venger et vous avez filmé la scène avec votre téléphone et publié la vidéo sur Facebook. Des centaines de vues, des commentaires assassins, injurieux, humiliants. 5

– On ne pouvait pas savoir...

– Tu ne pouvais pas savoir ? Vous le harcelez depuis des mois, vous le tournez en ridicule à longueur de journée, et tu t'étonnes que les choses tournent 10 mal ? Tu ne peux pas ou tu ne veux pas le comprendre ?

Amandine s'est remise à pleurer. Son regard est attiré par les commentaires en dessous de la vidéo. Elle connaît bien ce 15 message par lequel le cauchemar a commencé. Pas une seconde elle n'a pensé que Fabien, Fabien le déglinguo, pourrait avoir, lui aussi, un profil Facebook et accès à cette page. 20

« Fabien C. : Vous êtes trop méchants. Je ne vous aime plus. Vous me faites trop de peine. Adieu ! »

– Amandine !

La jeune fille sursaute, arrachée à ses pensées. Elle n'a pas entendu que le gendarme l'appelait.

– Amandine, Fabien a quitté l'hôtel hier soir et personne n'a de nouvelles depuis. Prie pour qu'on le retrouve sain et sauf, ou tes copains et toi, vous allez avoir de très gros problèmes...

***

Le retour au chalet est assez long et laisse à Amandine le temps de réfléchir. « Qu'est-ce qui s'est passé avec Fabien ? Est-ce que nous le retrouverons ? Si on ne le retrouve pas, est-ce que j'irai en prison ? » 5

Amandine culpabilise. C'est la première fois qu'elle a pitié de Fabien. Le paysage autour d'elle est joli, les montagnes recouvertes de neige brillent sous 10 les étoiles, mais Amandine ne le voit pas. Elle ne voit que le visage de Fabien qui crie parce qu'il a peur. Il hurle et il pleure parce qu'il a honte. Mais au lieu de l'aider, ils ont tous rigolé et tourné cette 15 maudite vidéo. Et maintenant Fabien a disparu et c'est aussi de sa faute, elle le sait bien. C'était son idée de mettre la vidéo sur Facebook. « Je dois parler à Emma. Peut-être qu'ensemble, on trou- 20 vera une solution. » Mais elle se trompe.

Quand elle arrive dans la chambre qu'elle partage avec sa meilleure copine Emma, celle-ci est en train de lire un magazine, tranquille. Elle dit en sou-
5 riant :

– Est-ce qu'ils ont trouvé le débile ? Sinon, on est dans le pétrin.

– Faux, nous sommes déjà dans le pétrin !

10 – Amandine, tu ne me comprends pas ! Si Fabien ne revient pas, je ne sais pas quand le bus de la ligne 2 arrive devant l'église !

Emma éclate de rire. Comme dans la
15 vidéo – la vidéo à cause de laquelle Fabien s'est enfui.

– Arrête ! Ce n'est plus drôle ! Qu'est-ce qu'on fait s'il ne revient pas ? S'il lui arrive quelque chose ?

20 – Tu le penses, vraiment ? Et même s'il ne revenait pas, ça ne me dérangerait

pas. Il n'est qu'un handicapé bizarre. Il ne me manquerait pas.

Amandine, les yeux rivés sur son amie, ne peut rien dire. Sa copine et tous les autres élèves de la classe détestent 5 Fabien seulement parce qu'il est autiste. Ils ne se sont jamais intéressés à lui. Même maintenant, personne ne s'inquiète pour lui. Amandine est abasourdie, dégoûtée. Dégoûtée de sa classe et 10 d'elle-même. Elle ne dit rien à Emma et se met au lit.

Il est déjà minuit, mais Amandine n'arrive pas à s'endormir. Elle n'arrête pas de 15 penser à Fabien. Est-il mort ? Gelé dans la neige ? Soudain, un bruit interrompt ses idées noires. Un bruit qui vient de dehors, comme un cri étouffé. Est-ce que c'est Fabien ? Elle ne peut plus rester au 20 lit. Elle doit trouver Fabien, elle veut l'aider. Alors elle s'habille et va dehors.

À quelques mètres du chalet, elle aperçoit quelqu'un à côté d'un arbre.

– Fabien, c'est toi ?

Aucune réponse. En répétant sa question, Amandine voit que la personne commence à courir.

– Fabien, c'est toi ? Fabien ! Réponds ! Pourquoi est-ce que tu cours comme ça ?

Amandine ne comprend pas la situation, mais il y a une chose qui est sûre : elle doit savoir s'il s'agit de Fabien. Alors elle le suit.

Elle a du mal à respirer, elle essaie d'appeler Fabien, mais après avoir couru pendant plusieurs minutes, elle est hors d'haleine.

– Fabien ! Arrête-toi, s'il te plaît. Attends-moi. C'est impossible, je ne peux pas continuer.

La personne ralentit, puis s'arrête. Amandine veut s'approcher, mais ses jambes vacillent. Elle s'assoit sur un

tronc d'arbre, l'air frais brûle ses poumons. Elle ne sait ni où elle se trouve ni
s'il s'agit de Fabien. Et si elle avait suivi
un étranger ? La personne s'approche,
lentement, jusqu'à ce que son visage 5
apparaisse devant elle. C'est Fabien. Son
visage est pâle, très pâle et très proche.
Soudain, tout devient noir.

Quand Amandine reprend con-
science, elle est gelée et elle a mal à la 10
tête. Elle veut bouger, mais elle ne peut
pas. Quelqu'un l'a attachée à une chaise.
Elle regarde autour d'elle. En face d'elle,
Fabien se tient droit sur une chaise et la
regarde fixement. Il a les yeux cernés et 15
paraît épuisé. L'air est froid dans ce vieux
chalet abandonné où le vent entre par
une fenêtre cassée.

– Fabien ! Il faut que nous parlions.

– Ta gueule ! Tais-toi ! 20

Amandine est effrayée. La rage dans
la voix de Fabien l'inquiète. Il se lève,

puis s'approche d'elle sans prononcer un mot. Il ouvre les menottes qu'il lui a passées.

Amandine est mal à l'aise. Qu'est-ce qu'il va faire maintenant ? La violer ? Dehors, il commence déjà à faire jour, mais personne n'entendra ses cris, personne ne pourra l'aider parce qu'elle se trouve dans ce chalet isolé. Amandine cherche des yeux un objet pour se défendre, mais elle ne trouve rien. Comment calmer la rage de Fabien ? Amandine sait qu'elle doit s'excuser, mais les mots semblent dérisoires. Comment peut-elle réparer ses actions ? Le harcèlement, les rires humiliants et, par-dessus tout, la vidéo ? En pensant à tous ses actes affreux, elle fond en larmes.

– Je suis désolée, Fabien.

– Quoi ?

– Je suis désolée.

– D'accord, répond-il calmement.

– D'accord ? C'est tout ? Nous te tourmentons depuis des mois, nous te faisons vivre l'enfer, et tout ce que tu dis, c'est « d'accord » ?

– Oui.

– Vas-y, dis quelque chose ! Tu peux m'insulter ! Mais ce n'est pas possible que tu dises seulement « d'accord », Fabien ! Nous avons tourné une vidéo dans laquelle tu pisses dans ton pantalon et nous l'avons publiée sur Internet ! Tu n'as pas honte ? Tout le monde l'a vue ! Tout le monde s'est moqué de toi, Fabien ! Il faudrait te mettre en colère !

Fabien a les larmes aux yeux et commence à trembler.

– Tu as raison, Amandine. Je suis en colère. Mais que faire ? Je suis le déglinguo, je raconte des choses bizarres et je n'ai pas d'amis. Mes parents ? Ils ont honte, je le sais bien. Et moi, j'urine dans ma combinaison. Pourquoi vivre ? Je me demande...

Sa dernière phrase est presque incompréhensible. De grosses larmes coulent
5 sur son visage et il secoue la tête. Amandine comprend qu'ils ont détruit la vie de Fabien. Ce qu'elle et ses copains ont fait est plus grave qu'elle ne le pensait. Il est persuadé qu'il ne vaut rien. Qu'il est
10 nul. Inutile. Amandine essaie de se lever prudemment. Elle prend Fabien dans ses bras.

– Fabien, écoute. Je dois te montrer une chose. Une chose très personnelle.

15 Fabien s'assoit en face d'Amandine.

– J'espère que je peux te faire confiance parce que personne, sauf ma famille, ne le sait. Tu n'es pas seul. Moi aussi, j'ai un problème dont j'ai honte.

20 Amandine enlève son pull. Elle se lève et tourne le dos à Fabien. Celui-ci éclate de rire en voyant le dos d'Amandine,

mais elle supporte sa réaction. Elle sait que Fabien n'exprime pas ses sentiments de la même façon que les autres. La psychologue le leur avait expliqué. Qu'est-ce qu'il pense, maintenant ? Il est le premier à voir son secret : une énorme tache de vin qui défigure son dos. Cette tache qui l'empêche d'aller à la piscine avec ses amis. Cette tache à cause de laquelle elle doit toujours cacher son dos.

Fabien a arrêté de rire. Ils restent un moment comme ça sans rien dire. Elle de dos, lui sur sa chaise. Puis, Amandine remet son pull et se retourne. Elle se sent libérée, presque bien quand elle le regarde dans les yeux. Mais Fabien, lui, évite son regard et se lève :

– Il faut qu'on rentre.

– D'accord. On y va.

Une heure plus tard, quand Amandine ouvre la porte de l'auberge, elle entend des rires bruyants. Mais qu'est-ce qui se passe ? Personne ne s'est inquiété pour elle ? Emma a dû remarquer qu'elle n'était pas dans son lit ce matin ! Dans

5 le foyer, il y a toute sa classe. Ils regardent tous leurs smartphones et rigolent. Quand Emma la voit, elle sourit. Amandine veut la prendre dans ses bras, elle veut lui dire que tout va bien et qu'elle a

10 pu faire la paix avec Fabien. Elle court vers Emma, mais celle-ci se met à crier :

– Regardez ! Voilà notre écrevisse qui arrive !

Les autres éclatent de rire. Ils

15 regardent Amandine, et c'est le même regard qu'ils ont quand ils se moquent de Fabien. Amandine entend des gros mots et des rires méchants. Elle ne comprend rien, jusqu'au moment où elle voit

20 Fabien. Avec un grand sourire, il lui montre son portable avec sa page Facebook. On y voit une vidéo.

– Cette fois-ci, c'est moi qui ai publié une vidéo !

Fabien ricane. C'est une vidéo d'Amandine. D'Amandine et de son dos. Elle tressaille en comprenant que Fabien l'a filmée au chalet quand elle s'était retournée. Amandine est interloquée, elle a envie de pleurer, de s'enfuir et de mourir.

– Amandine, à partir d'aujourd'hui, tu pourras vraiment comprendre comment se sentent les déglinguos...

Laura Steiner und Maflo Jankqi,
Jack-Steinberger-Gymnasium Bad Kissingen

Et si cela s'était passé autrement ?
Reprenons à la gendarmerie...

Amandine s'est remise à pleurer. Son regard est attiré par les commentaires en dessous de la vidéo. Elle connaît bien ce message par lequel le cauchemar a com-
5 mencé. Pas une seconde elle n'a pensé que Fabien, Fabien le déglinguo, pourrait avoir, lui aussi, un profil Facebook et accès à cette page.

« Fabien C. : Vous êtes trop méchants.
10 Je ne vous aime plus. Vous me faites trop de peine. Adieu ! »

– Amandine !

Amandine n'écoute pas le gendarme. Elle se sent fatiguée d'un coup.

Elle voudrait dormir. Ses pensées se perdent... Il y a deux ans, elle aussi était victime d'un harcèlement. Parfois, elle 5 pensait même au suicide pour échapper à la situation. Les autres se moquaient d'elle et la harcelaient parce qu'elle portait des vêtements bon marché, des vêtements de garçon. Ils l'appelaient « la 10 misérable ». Elle repense à la journée où elle était restée enfermée dans un placard toute une après-midi à cause des filles de troisième qui l'avaient piégée. Sa prof pensait qu'elle séchait les cours, 15 alors elle l'a collée pendant quatre heures. Quel souvenir horrible. Finalement, elle a changé d'établissement. Là où elle est maintenant, on harcèle aussi des élèves, mais cette fois-ci, Amandine 20 est de l'autre côté. Elle n'est plus une victime. Elle agit même en première ligne pour faire comprendre aux autres qu'on ne rigole pas avec elle.

– Amandine !

La jeune fille sursaute, arrachée à ses pensées. Elle n'a pas entendu que le gendarme l'appelait.

– Amandine, Fabien a quitté l'hôtel hier soir et personne n'a de nouvelles depuis. Prie pour qu'on le retrouve sain et sauf, ou tes copains et toi, vous allez avoir de très gros problèmes...

Elle a peur. Elle ne veut qu'une chose : rentrer. Elle ne sait pas où Fabien peut bien être. Elle a juste une idée. Mais cette idée, elle préfère la chasser de ses pensées. Elle lui fait encore plus peur. Elle pense à Martin et aux moutons de la bergerie. Sa tête est lourde. Devant ses yeux, Amandine revoit la journée de la veille. Un cauchemar. Elle voudrait tout rembobiner, recommencer à zéro. Mais c'est bien trop tard. Elle se rappelle des moqueries, des gros mots, des coups de pieds, de comment Fabien a quitté la salle pendant le goûter et aussi de comment tout a commencé au télésiège... 5

Monsieur Denys ne sait pas calmer Fabien qui ne veut ni utiliser le télésiège ni faire du ski avec les autres. Alors le prof de sport propose à Fabien de faire une randonnée avec lui, et Fabien finit 10 par accepter son offre. La randonnée se passe bien, la nature et le silence semblent avoir un effet rassurant sur Fabien. Sur le chemin du retour, ils s'arrêtent à une bergerie proche du chalet. 15 Fabien est fasciné par les moutons, il les caresse et leur parle, et Monsieur Denys a du mal à lui faire comprendre qu'ils doivent rentrer au chalet.

Au goûter, Fabien énerve les autres 20 élèves, y compris Amandine, parce qu'il n'arrête pas de parler de la bergerie et des animaux qu'il a vus.

– Ferme-la, Fabien, on s'en fout de tes moutons, dit un garçon en lui donnant
5 des coups de pieds assez forts sous la table.

– Encore un mot, et tu peux dormir avec tes bêtes.

– Ah, non, malheureusement, ça ne
10 serait pas assez loin. La bergerie est trop près d'ici, ajoute Amandine, provoquant des rires méchants. Fabien se lève sans dire un mot et monte dans sa chambre.

Deux heures plus tard, pendant qu'il
15 joue à son smartphone, Fabien découvre la vidéo qui montre la scène devant le télésiège. Le garçon n'en croit pas ses yeux. Il la rejoue plusieurs fois, tellement il est choqué. Tellement il a honte. Le
20 harcèlement des autres lui fait si mal qu'il se plie en deux sur son lit. Il voudrait disparaître. Surtout ne pas rester

au chalet avec les autres. Alors il écrit un commentaire sous la vidéo sur Facebook : « Vous êtes trop méchants. Je ne vous aime plus. Vous me faites trop de peine. Adieu ! », et il quitte le chalet sans 5 prévenir personne.

Il court. Il tombe, se relève et continue de courir. Il n'a qu'une chose en tête : retourner à la bergerie et retrouver les moutons qui lui semblent être ses 10 seuls amis.

Quand il arrive à la bergerie, il entend des cris d'animaux et des voix. Il reconnaît ses camarades de classe. Mais pourquoi sont-ils ici ? Que font-ils avec ses 15 moutons ? Fabien décide alors de se cacher et d'observer ce qui se passe à l'intérieur par la seule fenêtre de la bergerie.

Il peut les voir tous. Amandine est là aussi mais cette fois-ci, elle reste à l'écart. 20 Fabien regarde leur jeu et se met à trembler : ces brutes maltraitent ces animaux et en font une vidéo ! Fabien est fou de rage.

– Mettez-vous en cercle, on va faire reculer cette bête dans le coin.

5 – Vous êtes sûrs que ce n'est pas trop dangereux ? demande Amandine qui commence à paniquer.

– Si tu as peur, tu peux toujours partir, mais arrête de dire des trucs comme
10 ça ! Poule mouillée ! C'est pas dangereux, nous voulons juste rigoler un peu...

C'est Martin qui a répondu. C'est le garçon le plus effrayant de la classe. Amandine le déteste.

15 – Vous avez pris les pierres ? demande Mathieu, le meilleur ami de Martin.

– Oui, c'est bon, on a les pierres et l'agneau ne peut plus s'échapper...

Amandine ne peut plus supporter
20 cette scène. Silencieusement, elle s'écarte des autres et quitte la bergerie. Elle

retourne au chalet et va directement dans sa chambre.

Se moquer de Fabien, ce n'est qu'un jeu. De toute manière, c'est un idiot. Il ne comprend rien. Mais maltraiter des animaux physiquement ? Ça la dégoûte. Elle ne veut pas être complice de ce sale coup. Amandine se rallonge sur son lit. Accablée par ses émotions, elle s'endort et ne se réveille qu'à l'heure du dîner.

Pendant ce temps, dans sa cachette, Fabien est pris de panique. La violence des élèves envers le pauvre animal lui fait mal. Il se bouche les oreilles et se met en boule en fermant les yeux pour ne pas voir la scène. Puis, pour se calmer, il commence à se balancer. Et c'est là que les choses tournent encore plus mal...

Lors du dîner, Amandine remarque l'absence de Fabien. Quand Madame Gecep veut savoir où il est, c'est Martin qui lui répond :

– Dans son lit. Notre gros bébé fait déjà dodo. J'espère que Monsieur Denys lui a changé les couches avant de le mettre au lit.

Madame Gecep regarde Martin un long moment puis, sur un ton glacé, elle lui dit :

– Demain, tu accompagneras Fabien et Monsieur Denys, est-ce que c'est entendu, Martin ?

– Oui, Madame Gecep. Avec plaisir.

Mathieu rigole, mais les autres élèves semblent se crisper tout à coup. Amandine sent qu'ils sont mal à l'aise, que quelque chose les inquiète, mais elle préfère ne pas savoir.

Le lendemain matin, trois policiers arrivent. Les professeurs ont appelé la police parce que Fabien n'était pas descendu pour le petit déjeuner, et en le cherchant, ils ont découvert son lit intact et sa chambre vide.

Après avoir interrogé les élèves, les policiers amènent Amandine comme témoin à la gendarmerie.

Quand elle rentre au chalet, Amandine se fait des reproches et se pose des questions. « Où est Fabien et qu'est-ce qui lui est arrivé ? Est-ce qu'il se cache dans la montagne ? Réfléchis, Amandine, si tu etais Fabien, où irais-tu ? ... Et si... S'il s'était caché dans la bergerie ? Là, où nous... »

Tout à coup, Amandine a un mauvais pressentiment. Elle sait maintenant où elle doit chercher Fabien. Elle accélère le pas. Au lieu de rentrer au chalet, elle va aussitôt à la bergerie. Quand elle y entre, elle voit le corps d'un agneau et plein de taches rouges par terre. L'animal ne bouge plus. Cela ne la surprend pas vraiment, elle a vu comment les autres ont traité le pauvre animal. Mais à côté de l'agneau, elle voit encore autre chose et pour un long moment, son cœur s'arrête de battre. Elle voit Fabien, allongé, lui aussi, par terre. Il ne semble pas bouger non plus...

Egeli Michalos und Mitchell Volpe,
Karl-Theodor-von-Dalberg-Gymnasium
Aschaffenburg

Et si cela s'était passé autrement ?
Reprenons à la gendarmerie...

– Amandine !

La jeune fille sursaute, arrachée à ses pensées. Elle n'a pas entendu que le gendarme l'appelait.

5 – Amandine, Fabien a quitté l'hôtel hier soir et personne n'a de nouvelles depuis. Prie pour qu'on le retrouve sain et sauf, ou tes copains et toi, vous allez avoir de très gros problèmes...

Cinq ans plus tard

Madame Gecep entre dans l'église du village pour la première fois depuis cinq ans. Elle trouve que le bâtiment au pied de la montagne n'est pas très grand. Pourtant, beaucoup de sièges restent vides aujourd'hui. Il n'y a pas beaucoup de monde pour la messe qu'on célèbre en cette triste occasion.

Cinq ans que Fabien est mort. Cinq ans qu'il a disparu, qu'il a été avalé par la montagne. Cinq ans que ses parents se recueillent sur une tombe vide. Les glaciers n'ont jamais rendu son corps.

Comme tant de touristes et d'alpinistes chaque année, Fabien a disparu, et les autorités, après plusieurs journées de recherche, ont dû accepter la triste évidence.

Mais on dirait que les parents n'ont toujours pas accepté la mort de leur fils.

Ils sont étranges. Quand on les regarde, on a l'impression qu'ils sont ailleurs, qu'ils pensent à autre chose. Que leur chagrin cache un secret.

5 Aujourd'hui, c'est la messe anniversaire en hommage à Fabien.

Au premier rang, il y a ses parents, bien sûr. Sa mère, toute menue, sèche régulièrement ses larmes en écoutant le
10 sermon du curé. À ses côtés se trouve le père de Fabien, un véritable roc de près de deux mètres, avec un ventre impressionnant qui lui tend le pull, et des mains gigantesques. Son visage n'ex-
15 prime aucune émotion.

Avant d'entrer dans l'église, Madame Gecep, l'ancienne professeur de français de Fabien est venue les voir. Elle voulait leur présenter Amandine.

20 Depuis le drame, les parents de Fabien n'ont jamais rencontré ses anciens camarades. Après la disparition

de Fabien, Amandine a connu une grave dépression. Elle a arrêté l'école et s'est laissée sombrer dans la maladie. Perte de poids, idées suicidaires, séjours à l'hôpital. Finalement, après trois années d'errance, elle a décidé de consacrer sa vie aux personnes en difficulté. Elle a passé ses diplômes d'éducatrice spécialisée et travaille dans un institut médico-éducatif pour adolescents déficients.

Elle aimerait créer sa propre structure. Un centre d'accueil pour les adultes laissés pour compte. Ceux qui n'ont pas eu la chance d'être aidés ou accompagnés, ceux qui n'ont pas été diagnostiqués à temps. Elle aimerait donner le nom de Fabien à sa structure. Mais elle a besoin de l'autorisation de ses parents.

Madame Gecep a accepté de jouer les intermédiaires et a présenté Amandine aux parents de Fabien. Amandine avait très peur de cette rencontre, de la réac-

tion des parents de Fabien. Mais là, elle
était calme. Elle parlait tout bas, avait
des gestes timides. D'abord, elle a présenté ses excuses pour ce qui s'était pas-
5 sé, puis elle leur a parlé de sa dépression,
de ses projets, de son besoin d'avoir leur
autorisation et leur pardon.

Les parents de Fabien l'ont écoutée
sans l'interrompre. Puis, sans dire un
10 mot, ils ont tourné les talons et sont
entrés dans l'église, laissant Amandine
dans le froid, sans réaction.

Madame Gecep a posé une main ras-
surante sur l'épaule d'Amandine, puis
15 elles sont entrées à leur tour dans l'édi-
fice.

Quelques minutes plus tard, le gendarme, qui s'était occupé de l'affaire il y
a cinq ans, les a rejointes. Il a refermé la
20 lourde porte en bois derrière lui, est allé
s'asseoir contre un pilier, et la messe a
commencé.

***

Quelques heures plus tard, les parents de Fabien s'arrêtent sur le parking d'un petit restaurant, dans un village monta-gnard typique. C'est devenu leur rituel. Trois fois par an, ils descendent au vil- 5 lage où leur fils a disparu. Puis sur le chemin du retour, ils font une étape dans ce petit village et son auberge accueillante.

Le serveur, un jeune homme barbu, 10 les reconnaît. Il les conduit à leur table. Toujours la même, trois fois par an, depuis cinq ans. Ils enlèvent leurs man-teaux et les tendent au jeune homme qui les saisit d'une main tremblante. 15

Le repas se passe dans le silence. Les plats sont simples, mais savoureux. Il n'y a pas beaucoup de monde dans la salle. Un groupe d'amis qui viennent réguliè-rement prendre l'apéritif, un couple 20 d'amoureux, les parents de Fabien, le patron et le serveur. Ce dernier s'affaire derrière le bar. Il nettoie les verres avec une telle énergie qu'il finit par en casser un et que le patron doit l'envoyer en cuisine.

5 Pas une seule fois, pendant le repas, les parents de Fabien n'ont levé la tête de leur assiette.

La nuit tombe tôt dans la région. Quand les parents de Fabien sortent de 10 l'auberge, il fait déjà nuit. Ils montent dans leur voiture, mettent le contact, puis ils attendent.

Le moteur ronronne, le chauffage fait son effet et l'agréable température leur 15 donne envie de dormir. Mais ils ne se mettent pas en route.

Quelqu'un frappe à la fenêtre. Le père sursaute, c'est le signal. Ils ressortent tous les deux de la voiture. Nuit noire, 20 pas une lumière, ils ont du mal à voir le serveur barbu qui vient de les rejoindre.

Le père a du mal à maîtriser son émotion. D'une main tremblante, il sort une enveloppe de son manteau et la tend au jeune homme.

Sans un mot, ce dernier la saisit et la range fébrilement dans son manteau. Puis il semble hésiter et, maladroitement, prend le vieil homme dans ses bras et le serre contre lui.

Dans l'enveloppe, il y a un billet d'avion pour les Maldives. Un aller simple. Sans retour.

Pendant cinq ans, les parents de Fabien avaient prospecté en Asie afin de trouver cette perle rare. Sur une petite île, ils ont fini par dénicher ce qu'ils cherchaient. Une modeste maison de pêcheur sur une plage au sable blanc, loin de tout.

Cette maison au confort rudimentaire, mais suffisant, a deux chambres.

Une pour eux, et une pour ce garçon barbu au regard hésitant.

Il y a cinq ans, ils ont compris que leur fils Fabien serait toujours une victime. Victime des humiliations, des farces, de l'indifférence, de l'incompréhension... Bref, Fabien, comme tous les autres autistes, serait toujours une victime du regard des autres.

Alors, ils ont décidé d'agir.

À quelques kilomètres du parking, dans le cimetière d'un village touristique, il y a une tombe avec un cercueil vide. Officiellement, Fabien est mort et son corps est perdu dans la montagne.

Mais dans une semaine, jour pour jour, Fabien s'allongera sur le sable chaud d'une île des Maldives. Ses parents l'y rejoindront quelques jours plus tard.

Au milieu de l'Océan, ils passeront des jours paisibles, loin de tout, sans personne pour les juger ou les regarder. Juste eux trois, le soleil et la mer.

Et quand ses parents ne seront plus là, Fabien gardera la maison de pêcheur, un Robinson moderne, naufragé volon- 5 taire. Loin de tout, des autres et de leur méchanceté.

Dans une semaine, Fabien sera le plus heureux des hommes. Il regarde ses parents remonter dans leur voiture et 10 reprendre la route.

Il sent l'enveloppe épaisse dans son manteau, tout près de son cœur.

Il connaît par cœur le trajet depuis l'auberge jusqu'à la maison du pêcheur. 15 Il a tout mémorisé, depuis l'horaire du bus sur la place du village jusqu'à l'aéroport de Malé. Fabien a toujours été très fort pour connaître les horaires et les étapes d'un voyage. 20

Malgré l'obscurité, il devine la silhouette de la montagne qui s'élève face à lui.

Il sourit. Pour la première fois de sa vie, Fabien est heureux.

Virginia Valmain

Le Prix Polar

Le Prix Polar est une idée originale de l'Institut franco-allemand d'Erlangen et s'adresse aux élèves de collèges et de lycées de Franconie. L'objectif est de familiariser les élèves allemands avec le genre littéraire de la nouvelle policière.

Les élèves participant au Prix Polar rédigent en français la suite d'un court récit qui a été écrit par un auteur de polars français. Les textes sont hébergés sur un blog interactif qui leur permet d'échanger et de faire évoluer leurs productions. Un jury sélectionne dix écoles finalistes qui reçoivent l'auteur dans leur établissement. À la fin, le jury élit les deux meilleures productions qui seront les deux suites publiées à côté de celle de l'auteur.

Les lauréats de la troisième édition du Prix Polar sont des élèves du Jack-Steinberger-Gymnasium Bad Kissingen et du Karl-Theodor-von-Dalberg-Gymnasium Aschaffenburg. Ils ont travaillé avec Maxime Gillio, auteur français de romans policiers qui publie son texte sous le pseudonyme de Virginia Valmain.

Le texte du Jack-Steinberger-Gymnasium a été écrit par Laura Steiner, avec la participation de Lisa-

Marie Janocha, Florian Koch, Denis Nikqi et Maxim Schultheiß. Les derniers ont choisi le pseudonyme de Maflo Janqi. Les élèves ont été suivis dans leur travail par leur professeur Patricia Wedler.

Le texte du Karl-Theodor-von-Dalberg-Gymnasium a été écrit par Demet Egeli, Emily Michalos, Cassandra Mitchell, Dominique Mitchell et Sarah Volpe, sous les pseudonymes d'Egeli Michalos et Mitchell Volpe. Les élèves ont été accompagnés dans leur travail par leurs professeurs Anja Thiemann et Dominik Sommer ainsi que par l'assistante de français Louise Mérillon-Jumelle.

Les partenaires du projet sont les régions de Moyenne et de Basse-Franconie, la Fédération des Professeurs de Français de Bavière, l'OFAJ et les éditions Cornelsen.

Pour plus d'informations sur le Prix Polar, veuillez consulter le site Internet de l'Institut franco-allemand d'Erlangen : www.dfi-erlangen.de

Virginia Valmain

L'écrivain Maxime Gillio se
cache derrière le pseudo-
nyme de Virginia Valmain.
Né en 1975 à Dunkerque, il
est passionné par l'œuvre de
Frédéric Dard / San-Anto-
nio, dont il est devenu un
spécialiste.

En 2007, il publie son
premier roman, *Bienvenue à
Dunkerque*. Ce polar lance
les aventures des policiers Charles Dacié et Stéphane
Marquet, qu'on retrouve dans les trois titres suivants,
L'Abattoir dans la dune, *Le Cimetière des morts qui
chantent* et *Dunkerque baie des Anges*. En 2009, Maxime
Gillio crée une nouvelle série policière, *Les disparus de
l'A 16*, sous le pseudonyme de Virginia Valmain. Cette
série parodique lui vaut la reconnaissance de la cri-
tique.

Maxime Gillio participe à de nombreux salons lit-
téraires, donne des conférences et anime des ateliers
d'écriture en France et en Allemagne. Il est père de

trois enfants, dont l'aînée est atteinte du syndrome d'Asperger. C'est pour sensibiliser ses lecteurs au handicap de l'autisme qu'il a imaginé le début de la nouvelle *Fabien a disparu* et qu'il anime une page Facebook sur laquelle il publie des billets destinés à sa fille : https://www.facebook.com/asperger.mon. amour?ref_type=bookmark

Son site Internet : www.maxime-gillio.com

Vocabulaire

Für das 3. Lernjahr unbekannte Formen des *conditionnel*,
des *subjonctif*, des *imparfait* und des *futur simple* sind in
der konjugierten Form angegeben.
Die deutsche Entsprechung der Vokabeln bezieht sich
auf den Kontext der Erzählung und entspricht somit
nicht immer der Hauptbedeutung.

Symbole und Abkürzungen	
f.	*féminin*/feminin (weiblich)
m.	*masculin*/maskulin (männlich)
pl.	*pluriel*/Plural (Mehrzahl)
qc/etw.	*quelque chose*/etwas
qn/jd/jdn/jdm	*quelqu'un*/jemand/jemanden/jemandem
adj.	*adjectif*/Adjektiv
fam.	*familier*/umgangssprachlich

A

à l'écart abseits

à longueur de journée
den ganzen Tag lang

à peine kaum

à travers über, dadurch

abasourdi/e *adj.* betäubt,
benommen

l'absence *f.* die Abwesenheit

accablé/e *adj.* nieder-
geschlagen

accélérer le pas den Schritt
beschleunigen

l'accès *m.* der Zugang

accompagner qn jdn
begleiten

(tu) accompagneras du
wirst begleiten (*futur
simple* von *accompagner*)

l'acte *m.* die Tat, die Hand-
lung

l'agneau *m.* das Lamm

ailleurs woanders

ajouter qc etw. hinzufügen

allongé/e *adj.* langgestreckt

ancien/ne *adj.* ehemalig

(il) apparaisse es erscheint
(*subjonctif* von *apparaître*)

apparaître erscheinen

apercevoir qn/qc jdn/etw.
wahrnehmen

arracher qn à qc jdn von
etw. losreißen

assassin/e *adj.* vernichtend
(Blicke)

s'asseoir sich setzen

assister à qc bei etw.
zusehen

attacher qn/qc à qc jdn/
etw. an etw. festbinden

attirer qn/qc jdn/etw.
anziehen

attraper qc etw. greifen

au coin des yeux in den
Augenwinkeln

au lieu de anstatt

aucun/e keiner / keine /
keines

l'audition *f.* die Verneh-
mung

aussitôt sofort, sogleich

l'**autisme** *m.* der Autismus

l'**autist/e** der/die Autist/in

l'**autorisation** *f.* die Erlaubnis

l'**autorité** *f.* die Behörde

(ils l') **avaient enfermée** sie hatten sie eingesperrt *(plus-que-parfait* von *enfermer)*

avaler qc etw. (ver-)schlucken

l'**aveugle** *m. /f.* der/die Blinde

l'**avocat** *m.* der Anwalt

avoir accès à qc zu etw. Zugang haben

avoir conscience de qc sich etw. bewusst sein

avoir honte sich schämen

avoir le vertige schwindelig sein

avoir les yeux cernés Schatten unter den Augen haben

avoir pitié de qn mit jdm Mitleid haben

avouer qc etw. zugeben

B

baisser les yeux die Augen senken

se **balancer** hin und her schaukeln

le **bâtiment** das Gebäude

la **bergerie** der Schafstall

la **bête** das Vieh

bête *m./f. adj.* dumm

la **bouche** der Mund

se **boucher les oreilles** sich die Ohren zuhalten

la **bouffée de chaleur** die Hitzewallung

(ça nous) **branchait** das interessierte uns *(imparfait* von *brancher)*

brancher qn *fam.* jdn interessieren, jdm gefallen

brûler brennen

la **brute** brutaler Mensch

bruyant/e *adj.* laut

C

la **cachette** das Versteck

le **calendrier** der Kalender

se **calmer** sich beruhigen

calmer qn/qc jdn/etw. beruhigen

caresser qn/qc jdn/etw. streicheln

le **carreau** die Fensterscheibe

le **cas social** der Sozialfall (abwertend)

le **cauchemar** der Albtraum

ce n'est que ... das ist nur ...

le **cercle** der Kreis

le **cerveau** das Gehirn

cette fois-ci dieses Mal

le **chalet** die Skihütte

chasser qn/qc jdn/etw. vertreiben

choquer qn jdn schockieren

le **clic** der Klick

cliquer sur qc etw. anklicken

le **coin** die Ecke

le **col** der Kragen

la **colère** die Wut

le/la **collègue** der Kollege / die Kollegin

coller qn *fam.* jdn nachsitzen lassen

la **combinaison** der Skianzug

comme si als ob

comme un fou wie besessen

le **complice** der Mittäter

se **comporter** sich verhalten

le **concours** der Wettbewerb

la **confiance** das Vertrauen

consacrer qc à qc etw. einer Sache widmen

la **conscience** das Bewusstsein

le **corps** der Körper

couler zerlaufen, fließen

créer qc etw. kreieren, ins Leben rufen

le **cri** der Schrei

culpabiliser sich Vorwürfe machen

la **culpabilité** die Schuld

le **curé** der Pfarrer

D

le **débile** der Schwachkopf

déchirant/e *adj.* herzzerrei-ßend

défigurer qn/qc jdn/etw. entstellen

déglinguer qc etw. kaputt-machen

le **déglinguo** *fam.* der Kaputte

dégouter qn/qc jdn/etw. anwidern

déguisé/e *adj.* kaschiert (Beleidigung)

(ça me) **dérangerait** das würde mich stören (*conditionnel* von *déranger*)

déranger qn/qc jdn/etw. stören

dérisoire *m./f. adj.* lächer-lich

détruire qc etw. zerstören

deviner qc etw. erraten

la **discrimination** die Diskriminierung

disparaître six pieds sous terre im Erdboden versinken

la **disparition** das Verschwinden

le **doigt** der Finger

donc also, folglich

dont deren/dessen

douter de qc etw. bezweifeln

doux/douce *adj.* sanft, weich

E

s'**écarter de qn/qc** von jdm/etw. wegrücken

échapper à qn/qc jdm/etw. entgehen, entkommen

éclater de rire in Gelächter ausbrechen

les **écouteurs** *m. pl.* der Kopfhörer

l'**écran** *m.* der Bildschirm

s'**écraser** *hier:* wehen

l'**écrevisse** *f.* der Flußkrebs

effrayer qn/qc jdn/etw. erschrecken

empêcher qn de faire qc jdn daran hindern, etw. zu tun

en apparence scheinbar

en hommage à qn im Gedenken an jdn

enfermer qn/qc jdn/etw. einsperren

s'**enfuir** flüchten, fliehen

entrecouper qc de qc etw. durch etw. unterbrechen

envahir qc in etw. eindringen

envers qn jdm gegenüber

épuisé/e *adj.* erschöpft

l'**errance** *f.* die Irrfahrt

l'**établissement** *m.* die Einrichtung

étouffer ersticken

étrange *m./f. adj.* seltsam

être à côté de la plaque *fam.* völlig daneben liegen

être attiré/e par qc von etw. angezogen sein

être dans le pétrin in der Patsche sitzen

être en colère wütend sein

être fou/folle de rage rasend vor Wut sein

être hors d'haleine außer Atem sein

être mal à l'aise sich unbehaglich fühlen

l'**évidence** *f.* die Offensichtlichkeit

éviter qn/qc jdn/etw. vermeiden

F

faire confiance à qn jdm
  vertrauen

faire dodo *fam.* schlafen
  (für Kinder)

fasciner qn jdn faszinieren

Ferme-la! *fam.* Halt die
  Klappe!

finalement letztendlich, am
  Ende

le **flocon (de neige)**
  die (Schnee-)Flocke

fondre schmelzen

fondre en larmes in Tränen
  ausbrechen

le **forfait de ski** der Skipass

fou/folle *adj.* verrückt

(il nous) **foutait la honte**
  fam. er hat uns blamiert
  (imparfait von foutre)

foutre la honte à qn
  fam. jdn blamieren

le **foyer** die Vorhalle

G

gelé/e *adj.* erfroren, auch:
  eiskalt

gentiment liebenswürdig

le **glacier** der Gletscher

le **goûter** der Nachmittags-
  imbiss

la **gravité** die Schwere

H

haleter keuchen, nach Luft
  ringen

le **handicap** die Behinde-
  rung

le **harcèlement** das Mob-
  bing

harceler qn jdn mobben

hocher la tête nicken

l'**hommage** *m.* die Würdi-
  gung

la **honte** die Scham,
  die Schande

l'**horaire** *m.* der Fahrplan

hors d'haleine außer Atem

humiliant/e
adj. demütigend

l'**humiliation** *f.* die Demütigung

hurler brüllen, schreien

I

il ne vaut rien er ist nichts wert

il s'agit de es handelt sich um

impersonnel/le *adj.* unpersönlich

inaudible *m./f. adj.* unhörbar

incapable *m./f. adj.* unfähig

l'**indignation** *f.* die Empörung

injurieux/-euse *adj.* beleidigend

inquiéter qn jdn beunruhigen

l'**insulte** *f.* die Beleidigung, Beschimpfung

insulter qn jdn beleidigen, beschimpfen

intact/e *adj.* unversehrt

interroger qn jdn vernehmen

interrompre qn/qc jdn/etw. unterbrechen

invisible *m./f. adj.* unsichtbar

(tu) **irais** du gingest (*conditionnel* von *aller*)

isolé/e *adj.* isoliert

L

la **larme** die Träne

lasser ermüden

libérer qn/qc jdn/etw. befreien

lourd/e *adj.* schwer

M

mal à laise unbehaglich

la **maladie** die Krankheit

malgré trotz, obwohl

maltraiter qn/qc jdn/etw.
   quälen

manquer à qn jdm fehlen

(il me) manquerait er
   würde mir fehlen *(conditionnel* von *manquer)*

maudit/e *adj.* verflucht

mêlé/e *adj.* gemischt

les **menottes** *f. pl.* die Hand-
   schellen

mentir lügen

menu/e *adj.* zierlich

mériter qc etw. verdienen

la **messe** der Gottesdienst

se **mettre en boule** sich
   zusammenkauern

minuscule *m./f. adj.* winzig

le/la **misérable** der/die
   Arme

la **moquerie** der Spott

moustachu/e *adj.* bärtig

le **mouton** das Schaf

murmurer qc etw.
   murmeln

N

la **nausée** der Ekel

la **neige** der Schnee

ni... ni... weder ... noch ...

la **nouvelle** die Neuigkeit

O

l'**occasion** *f.* die Gelegen-
   heit, der Anlass

l'**odeur** *f.* der Geruch

on s'en fout *fam.* es ist uns
   ganz egal

oser faire qc sich trauen,
   etw. zu tun

P

paniquer in Panik verfallen

par-dessus tout vor allem

pathétique *m./f. adj.*
   erschütternd

la **peine** der Kummer

perçant/e *adj.* durchdrin-
   gend (Schreie)

persuader qn jdn über-
   zeugen

la **perte de poids** der Gewichtsverlust

pêter un cable *fam.* durchdrehen

pieger qn jdn in die Falle locken

la **pierre** der Stein

la **pitié** das Mitleid

se **plier en deux** sich krümmen, sich verbiegen

plus tard später

porter plainte contre qn Anklage gegen jdn erheben

poster qc etw. im Internet veröffentlichen

Poule mouillée ! *fam.* Angsthase!

les **poumons** *m. pl.* die Lunge

pour que damit

le **pressentiment** die Vorahnung

prévenir qn jdn informieren, warnen

prier beten

proche *m./f. adj.* nah

prononcer qc etw. äußern

propre *m./f. adj.* sauber

provoquer les rires de qn bei jdm Gelächter hervorrufen

prudemment vorsichtig

la **publication** die Veröffentlichung

publier qc etw. veröffentlichen

R

la **rage** die Wut

ralentir langsamer werden

se **rallonger** sich ausstrecken

la **randonnée** die Wanderung

le **rang** die Reihe

se **rappeler de qc** sich an etw. erinnern

rassurer qn jdn beruhigen

la **rature** die Streichung

réciter qc etw. aufsagen

se recueillir sur la tombe de qn einer Person an deren Grab gedenken

reculer zurückschrecken

régulièrement regelmäßig

remarquer qn/qc jdn/etw. bemerken

rembobiner qc etw. zurückspulen

se remettre à faire qc wieder beginnen, etw. zu tun

rendre qc etw. zurückgeben

reprendre fortfahren

reprendre conscience wieder zu Bewusstsein kommen

le reproche der Vorwurf

ressembler à qn/qc jdm/ etw. ähneln

ressentir qc etw. empfinden

le retour der Rückweg

ricaner höhnisch lachen

la ride die Falte

le roc der Fels

S

sain et sauf / saine et sauve *adj.* wohlbehalten, unversehrt

le sale coup der üble Streich

sans arrêt ohne Unterbrechung, ständig

sans doute wahrscheinlich

sauf außer

sauter dans les bras de qn sich in die Arme von jdm flüchten

(elle) séchait les cours sie schwänzte die Schule (*imparfait* von *sécher les cours*)

sécher les cours *fam.* die Schule schwänzen

secouer la tête den Kopf schütteln

le secret das Geheimnis

le séjour der Aufenthalt

sembler scheinen

le **sentiment** das Gefühl

le **sermon** die Predigt

le **siège** der Sitz

le **silence** die Stille

s'il s'était caché wenn er
sich versteckt hätte
(*conditionnel passé* von
se cacher)

si tu étais wenn du wärst
(*conditionnel* von *être*)

la **soirée** der Abend

la **solution** die Lösung

sombrer versinken

la **sonorité** der Klang

soudain plötzlich

le **souffle** der Atemzug

(il) **souffrait** er litt (*imparfait* von *souffrir*)

souffrir de qc an etw.
leiden

sourire lächeln

la **souris** die Maus

se suicider Selbstmord
begehen

supporter qc etw. aushal-
ten, hinnehmen

surchargé/e *adj.* überladen

surprendre qn jdn über-
raschen

sursauter aufschrecken

surtout vor allem, beson-
ders

le **système solaire** das
Sonnensystem

T

Ta gueule ! *fam.* Halt's
Maul!

la **tache** der Fleck

la **tache de vin** das Blutmal

se taire verstummen

Tais-toi ! Sei still!

le **talkie-walkie** der Walkie-
Talkie

tant so viel

le **télésiège** der Sessellift

tellement so, so sehr

le **témoignage** die Zeugen-
aussage

le/la **témoin** der Zeuge / die Zeugin

terne *m./f. adj.* glanzlos

tourmenter qn/qc jdn/etw. quälen

tourner qn en ridicule jdn lächerlich machen

traiter qn/qc jdn/etw. behandeln

tranquille *m./f. adj.* ruhig, gemächlich

trembler zittern

tressaillir zusammenzucken

le **tronc d'arbre** der Baumstamm

le **trouble de comportement** die Verhaltensstörung

V

vaciller wanken, zittern

Vas-y ! Mach schon!

se **venger** sich rächen

véritable *m./f. adj.* wahrhaftig

le **vertige** das Schwindelgefühl

violer qn jdn vergewaltigen

Y

les **yeux cernés** *m. pl.* die Augenringe

les **yeux rivés sur qn/qc** die Augen auf jdn/etw. geheftet

SÉRIE POLAR | **Nouvelle Bibliothèque Junior**

Vokabelannotationen	Dorothee Flach
Projektleitung	Julia Goltz
Verlagsredaktion	Dorothee Flach
Gesamtgestaltung und technische Umsetzung	Buchgestaltung + Berlin
Bildquellen	Umschlagfoto: © Glow Images/CulturaRF; Foto Maxime Gillio: Peggy Halas

www.cornelsen.de

1. Auflage, 2. Druck 2023

Alle Drucke dieser Auflage sind inhaltlich unverändert
und können im Unterricht nebeneinander verwendet werden.

© 2014 Cornelsen Schulverlage GmbH, Berlin
© 2023 Cornelsen Verlag GmbH, Berlin

Das Werk und seine Teile sind urheberrechtlich geschützt.
Jede Nutzung in anderen als den gesetzlich zugelassenen Fällen
bedarf der vorherigen schriftlichen Einwilligung des Verlages.
Hinweis zu §§ 60 a, 60 b UrhG: Weder das Werk noch seine Teile
dürfen ohne eine solche Einwilligung an Schulen oder in Unter-
richts- und Lehrmedien (§ 60 b Abs. 3 UrhG) vervielfältigt,
insbesondere kopiert oder eingescannt, verbreitet oder in ein
Netzwerk eingestellt oder sonst öffentlich zugänglich gemacht
oder wiedergegeben werden.
Dies gilt auch für Intranets von Schulen.

Druck: Esser printSolutions GmbH, Bretten

ISBN 978-3-06-023307-6

PEFC zertifiziert
Dieses Produkt stammt aus nachhaltig
bewirtschafteten Wäldern und kontrollierten
Quellen.

www.pefc.de

PEFC™
PEFC/04-31-2851